AF375080

ah A a
[á]
Alce

beh **B b**

[bê]

Bode

seh Cc
[cê]
Coelho

deh **Dd**

[dê]

Dinossauro

eh
E e
[ê / é]
Elefante

eh-fee **Ff**

[éfe]

Foca

jheh **Gg**

[gê]

Girafa

Hipopótamo

ee **Ii**

[í]

Iguana

joh-tah Jj
[jóta]
Jacaré

eh-lee **L l**

[éle]

Leão

eh-mee

Mm
[ême]

Macaco

eh-nee

N n

[êne]

Narval

aw /oh # Oo
[ô / ó]

Ovelha

peh
P p
[pê]
Porco

qay

Q q

[quê]

Qui vi

eh-hee **Rr**
[érre]

Raposa

eh-see **Ss**
[ésse]

Serpente

teh **T t** [tê]

Tubarão

ooh Uu
[ú]
Urso

veh **V v**

[vê]

Vaca

shees **Xx**

[xis]

Xarroco

zeh **Zz**

[zê]

Zebra

E e

S s

J j

Oo

Xx

Cc

I i

T t

A a

V v

G g

L l

Jj

Mm

Bb

Dd

Nn

Zz

Uu

Qq

Ff

H h

R r

P p

Aa   Bb   Cc

Gg   Hh   Ii

Mm   Nn   Oo

Ss   Tt   Uu

Yy   Zz

Dd Ee Ff

Jj Kk Ll

Pp Qq Rr

Vv Ww Xx

If you enjoy this book, please
do support us by leaving an
honest review on Amazon.
Thank you!